BEI GRIN MACHT SICH IH WISSEN BEZAHLT

- Wir veröffentlichen Ihre Hausarbeit,
  Bachelor- und Masterarbeit

- Ihr eigenes eBook und Buch -
  weltweit in allen wichtigen Shops

- Verdienen Sie an jedem Verkauf

Jetzt bei www.GRIN.com hochladen und kostenlos publizieren

Christian-Alexander Schneider

Veränderungen der Musikbranche durch PC und Internet

GRIN Verlag

Bibliografische Information der Deutschen Nationalbibliothek:

Die Deutsche Bibliothek verzeichnet diese Publikation in der Deutschen National-
bibliografie; detaillierte bibliografische Daten sind im Internet über http://dnb.d-
nb.de/ abrufbar.

Dieses Werk sowie alle darin enthaltenen einzelnen Beiträge und Abbildungen
sind urheberrechtlich geschützt. Jede Verwertung, die nicht ausdrücklich vom
Urheberrechtsschutz zugelassen ist, bedarf der vorherigen Zustimmung des Verla-
ges. Das gilt insbesondere für Vervielfältigungen, Bearbeitungen, Übersetzungen,
Mikroverfilmungen, Auswertungen durch Datenbanken und für die Einspeicherung
und Verarbeitung in elektronische Systeme. Alle Rechte, auch die des auszugsweisen
Nachdrucks, der fotomechanischen Wiedergabe (einschließlich Mikrokopie) sowie
der Auswertung durch Datenbanken oder ähnliche Einrichtungen, vorbehalten.

Impressum:

Copyright © 2006 GRIN Verlag GmbH
Druck und Bindung: Books on Demand GmbH, Norderstedt Germany
ISBN: 978-3-638-59786-9

Dieses Buch bei GRIN:

http://www.grin.com/de/e-book/49178/veraenderungen-der-musikbranche-durch-
pc-und-internet

GRIN - Your knowledge has value

Der GRIN Verlag publiziert seit 1998 wissenschaftliche Arbeiten von Studenten, Hochschullehrern und anderen Akademikern als eBook und gedrucktes Buch. Die Verlagswebsite www.grin.com ist die ideale Plattform zur Veröffentlichung von Hausarbeiten, Abschlussarbeiten, wissenschaftlichen Aufsätzen, Dissertationen und Fachbüchern.

Besuchen Sie uns im Internet:

http://www.grin.com/

http://www.facebook.com/grincom

http://www.twitter.com/grin_com

Fachhochschule Bonn-Rhein-Sieg

-Fachbereich Wirtschaft Rheinbach-

Hausarbeit

zur Erlangung

der Prüfungsvorleistung im Schwerpunktfach

„Wirtschaftsinformatik"

„Veränderungen der Musikbranche durch PC und Internet"

vorgelegt am: 9.1.2006
vom cand.:   Christian-Alexander Schneider

Inhaltsverzeichnis

Abkürzungsverzeichnis

ADSL	Asymmetric Digital Subscriber Line
AT&T	American Telephone & Telegraph Corporation
CEO	Chief Executive Officer
DRM	Digital Rights Management
DVD	Digital Versatile Disc
EA	Electronic Arts GmbH
EMI	Electric and Musical Industries Limited
FFA	Filmförderungsanstalt
GEMA	Gesellschaft für musikalische Aufführungs- und mechanische Vervielfältigungsrechte
GfK	Gesellschaft für Konsumforschung AG
IFPI	International Federation of the Phonographic Industry
ISDN	Integrated Services Digital Network
MP3	MPEG-1 Audio Layer 3
SCEI	Sony Computer Entertainment Incorporated
TOC	Table Of Contents
XCP	Extended Copy Protection

1. Einleitung

Der Anlass für die Wahl des Themas sind die zahlreichen Klagen der Musikindustrie über ihre schwindenden Umsätze beim Tonträgerverkauf. So meldete etwa der Bundesverband der Phonographischen Wirtschaft e.V. für das Jahr 2003 einen starken Umsatzrückgang von 19,8% gegenüber 2002[1]. Die Musikindustrie sieht im Raubkopierer den Schuldigen für ihre Misere. In der vorliegenden Arbeit werden die Ursachen dieses Branchenproblems umfassend untersucht. Nach einer Klärung von Fachbegriffen wird der Frage nachgegangen, welche Entwicklungen zum Raubkopieren in seiner heutigen Form geführt haben. Darauf aufbauend werden die zwei kritischsten Ausprägungen, das Kopieren von Audio-CDs und der Tausch über das Internet, näher analysiert. Im Weiteren werden Möglichkeiten für die Musikindustrie, auf die negative Entwicklung Einfluss zu nehmen, aufgezeigt. Das Spektrum reicht dabei von kooperativen Ansätzen bis hin zur Abschreckung des potenziellen Raubkopierers durch Androhung strafrechtlicher Konsequenzen.

Die Publikmachung des letztgenannten könnte manch ein Kinogänger kürzlich als witzig gestalteten Werbeclip der Kampagne „Hart aber gerecht" gesehen haben (Eine Mutter stellt sich mit ihren Kindern vor ein Gefängnis, in dem ihr Mann wegen Raubkopierens inhaftiert ist und die Kinder singen anlässlich seines Geburtstages)[2]. Obwohl diese Kampagne von Vertretern der Filmbranche initiiert und getragen wird, gelten die strafrechtlichen Konsequenzen für Musik- und Filmbranche gleichermaßen.

2. Einführung

2.1. Definition „Musik"

Musik gehört zu den geistigen Schöpfungen und weist als solche einige ökonomische Besonderheiten auf. So fällt es schwer, die herkömmlichen Regeln von Angebot und Nachfrage auf sie anzuwenden. Das liegt daran, dass das Gut Musik nicht als „knapp" bezeichnet werden kann. Denn durch das beliebig häufige Abspielen von Musik verringert sich dieses Gut nicht,

[1] Spiesecke, H., 4.12.2005, http://www.ifpi.de/news/news-379.htm
[2] Zukunft Kino Marketing GmbH, 4.12.2005, http://www.hartabergerecht.de/index.php?id=28

es wird nicht „konsumiert". Eine weitere Besonderheit liegt darin, dass der Genuss von Musik nicht beschränkt werden kann. Es ist grundsätzlich nicht möglich, Verfügungsrechte für Musik zu definieren. Ein Beispiel soll dies verdeutlichen: Beim Kauf eines Pkws erhält der Käufer über sein Fahrzeug das Verfügungsrecht. In unmittelbarer Form durch den Schlüssel, der ihm allein den Zugang zu seinem Wagen erlaubt, und mittelbar durch den gesellschaftlich anerkannten Eigentumsnachweis, seinen Fahrzeugbrief. Für Musik hingegen ist es nicht möglich, die Nutzung (das Anhören der Musik) durch jedermann auszuschließen. Diese Besonderheiten beziehen sich dabei natürlich nur auf Musik als geistiges Gut. Der Tonträger, auf dem die Musik gespeichert ist, ist für sich ein privates Gut, dessen Nutzung einschränkbar ist und der auch einem Verschleiß unterliegt.[3] Um Musik marktfähig zu machen, greift man zu einem Kunstgriff: Man verknappt sie künstlich. Dies wird auf zweierlei Art erreicht. Zum einen erhält der Schöpfer des Musikstücks das Urheberrecht an diesem (vgl. 2.2. Definition „Urheberrecht"), bekommt also rechtlich die alleinigen Verfügungsrechte zugesprochen und kann sich zu deren Schutz bei Zuwiderhandlung an ein Gericht wenden. Ihm wird dadurch de facto ein Monopol auf sein geistiges Werk eingeräumt. Der andere Ansatz besteht darin, durch ein Trägermedium die Knappheit zu erzielen. Das ist kurz zuvor am Beispiel des Tonträgers bereits angesprochen worden.[4]

2.2. Definition „Urheberrecht"

Das Urheberrecht bestimmt den Schöpfer (den Urheber) eines geistigen Werkes zum alleinigen Rechteinhaber. Wie bereits erwähnt, erlangt er damit für sein Werk eine Monopolstellung. Das Urheberrecht steht dem Schöpfer automatisch mit der Erstaufführung oder der Aufzeichnung auf einem Medium zu. Der historische Ursprung des Urheberrechts liegt um den Zeitraum der Erfindung des Buchdrucks (um 1440). Zu dieser Zeit wurde es erstmals möglich, günstige Kopien von Werken in größeren Mengen

---

[3] vgl. Clement, R., Übung 5: Informationsgüter, Copyright und Open-Source (IntÖk5.pdf), S. 11-12
[4] vgl. ebenda, S. 15 ff.

herzustellen. Sowohl die Autoren als auch die Druckereien, die Erstere für das Erstellen eines Werkes bezahlt hatten, sahen dies jedoch kritisch. Denn diese Werke wurden von anderen Druckereien z.T. in schlechter Qualität nachgedruckt oder sogar im Wortlaut geändert. Zudem entstanden den Erstdruckereien höhere Kosten wegen anfallender Autorenhonorare und daher konnten sie nicht mit den günstigen Preisen der Nachdrucker mithalten. Deswegen erbaten und bekamen die Druckereien von den staatlichen Obrigkeiten für einen abgegrenzten Zeitraum das exklusive Druckrecht am Werk[5].

Heutzutage nimmt der Urheber seine ihm aus dem Urheberrecht erwachsenden Rechte üblicherweise nicht selbst wahr. Er bedient sich dazu einer Verwertungsgesellschaft, die für ihn seine Urheberrechte wahrnimmt. In der Musikbranche vertritt die GEMA die ihr angehörigen Künstler. Sie stellt sicher, dass für das jeweilige Werk das Urheberrechtsgesetz eingehalten wird und die für eine öffentliche Musikaufführung erhobenen Gebühren eingetrieben werden. Diese Gebühren werden anschließend an die Künstler, abzüglich entstandener Verwaltungskosten, mittels Verteilungsschlüssel ausgeschüttet[6].

Zusammenfassend kann gesagt werden, dass das Urheberrecht zwei Ziele verfolgt. So soll es einerseits ermuntern, schöpferisch tätig zu sein und die erzielten Ergebnisse auch der Öffentlichkeit zu präsentieren (der Urheber hat die Möglichkeit, seine Kreativität in Profit zu verwandeln). Andererseits soll es auch einen gesamtgesellschaftlichen Gewinn erbringen, indem das neue Wissen möglichst schnell verbreitet wird.

2.3. Definition „Audio-CD"

Die Audio-CD ist das Ergebnis einer Kooperation der Firmen Sony und Philips Anfang der 80er Jahre zur Etablierung eines neuen, digital-optischen Datenträgers für Musik. Sie hatte die bis dato vorherrschende Schallplatte aufgrund ihrer zahlreichen Vorteile schnell vom Markt verdrängt (Anfang der

---

[5] vgl. Verwertungsgesellschaft WORT, 4.1.2006, http://www.vgwort.de/geschichte.php
[6] vgl. o.V., 4.12.2005, http://www.gema.de/wirueberuns/

90er waren die meisten Schallplatten aus den Geschäften verschwunden)[7].
Zu den bedeutenden Vorteilen der Audio-CD gehört, dass die Musik
erstmals digital, als Folge von Nullen und Einsen, auf dem Tonträger
gespeichert wird. Die digitale Speicherung in Kombination mit der
berührungslosen Abtastung des Tonträgers durch Laserstrahl sorgt für eine
verschleißfreie Wiedergabe. Das heißt, dass ein einzelnes Lied beliebig oft
abgespielt werden kann, ohne dass sich die Wiedergabequalität ändert. Die
Audio-CD ist damit Schallplatte und Audiokassette, die mit zunehmendem
Alter und Gebrauch deutlich an Qualität verlieren, klar überlegen. Durch die
digitale Speicherung der Daten ist es außerdem zum ersten Mal möglich die
Kopie einer Kopie zu erstellen, ohne dass es zu einem Qualitätsverlust
kommt (sog. „Generationsverluste").

Ein weiterer großer Vorteil liegt in der sekundengenauen Anzeige der
vorhandenen Titel, Spieldauer, Restspielzeit sowie der wahlfreie Zugriff auf
jedes Musikstück der Audio-CD. Sie weist ein genormtes Format auf, das
sicherstellen soll, dass sich jede Audio-CD in jedem CD-Player abspielen
lässt. Die genauen Spezifikationen sind im so genannten Red Book (nach
der Umschlagfarbe des Buches) definiert[8]. Ein von Philips patentiertes Logo,
das sowohl auf CD-Playern als auch auf Audio-CDs zu finden ist, weist auf
die Einhaltung dieser Spezifikation hin.

Über Kopierschutz hat man sich bei der Entwicklung der Audio-CD wenig
Gedanken gemacht. So gibt es im Red Book keine Schutzmaßnahme gegen
das Erstellen von Kopien. Lediglich gesetzte Bits im Inhaltsverzeichnis
(TOC) der Audio-CD weisen darauf hin, dass die CD kopiergeschützt ist.
Jedoch dient dies nur der Information, das Erstellen einer Kopie wird damit
nicht verhindert.

2.4. Definition „MP3"

MP3 ist die gängige Abkürzung für MPEG-1 Audio Layer 3. Es ist ein
Dateiformat, dessen (Musik-)Daten komprimiert wurden. Damit benötigt MP3

[7] vgl. o.V., 5.12.2005, http://de.wikipedia.org/wiki/Audio-CD
[8] vgl. Hübscher, H. u.a.: IT-Handbuch Fachinformatiker/-in, 2. Aufl., Braunschweig, 2001, S.130;
Anmerkung: Das Red Book ist Teil der so genannten Rainbow Books. Neben diesem gibt es auch das
Yellow Book (für Daten-CDs), das Green Book (CD-Interactive) uvm.

bei vergleichbarer Wiedergabequalität zur Audio-CD lediglich 8-10% von deren Speicherbedarf[9]. Das Format wurde ab 1987 am Fraunhofer Institut für Integrierte Schaltungen (Erlangen) in Zusammenarbeit mit den AT&T Bell Labs und Thomson entwickelt. Um solch hohe Kompressionen zu erreichen, macht man sich psychoakkustische Effekte der Wahrnehmung zunutze[10]. Dabei werden bei der Umwandlung ins MP3-Format all jene Teile der Musik unwiderruflich entfernt, die der Mensch nicht wahrzunehmen vermag. Dazu gehört beispielsweise, dass der Mensch nach sehr lauten Geräuschen für kurze Zeit leisere Geräusche kaum oder gar nicht wahrnimmt. Oder etwa die Nutzung des Wissens, dass ein gesundes, menschliches Gehör nur einen kleinen Teil des Frequenzspektrums wahrzunehmen vermag. Es müssen also nicht alle „Musikinformationen" gespeichert werden, sondern nur die für den Menschen relevanten. Bei besonders geübten Zuhörern, sehr anspruchsvoller Musik (technisch gesehen) oder einer zu hohen Kompressionsrate kann der Unterschied zwischen Audio-CD und MP3 dennoch hörbar werden.

Durch das Internet gewann MP3 sehr schnell an Popularität. Denn der beträchtliche Kompressionsfaktor von MP3 ermöglichte es, Musik in hoher Qualität und angemessenem Zeitrahmen über das Internet zu versenden. So ist es auch kein Zufall, dass erst nach Verbreitung des MP3-Formats der Tausch von Musik über Plattformen wie Napster begann (vgl. 2.5. Definition „Internet-Tauschbörse"). Mittlerweile gibt es auch von anderen Firmen eigene Musikkompressionsformate, die noch ausgefeiltere Kompressionsmethoden verwenden. Mit diesen sind bei subjektiv gleich bleibender Qualität noch höhere Speicherplatzersparnisse möglich. Trotz der technischen Überlegenheit dieser Alternativen ist die Popularität von MP3 durch den erreichten de facto-Standard dennoch ungebrochen.

---

[9] vgl. Fraunhofer-Gesellschaft, 6.12.2005, http://www.iis.fraunhofer.de/amm/techinf/layer3/index.html
[10] vgl. Hübscher, H. u.a.: IT-Handbuch Fachinformatiker/-in, 2. Aufl., Braunschweig, 2001, S.143

2.5. Definition „Internet-Tauschbörse"

Tauschbörsen dienen allgemein dem wechselseitigen Austausch von Gütern aller Art. Die Besonderheit von Internet-Tauschbörsen liegt in der Beschränkung auf digitale Güter, denn nur diese können über de Plattform Internet elektronisch getauscht werden[11]. Digitale Güter sind hierbei in aller Regel Daten in Form von Dateien. Ein weiteres, herausragendes Merkmal von Internet-Tauschbörsen ist der potentiell sehr große Nutzerkreis, da mögliche Tauschpartner über die gesamte Welt verteilt sein können.

Den Anstoß für das immense und rechtlich umstrittene Datenvolumen, das heute über das Internet getauscht wird, gab zweifelsohne die Musiktauschbörse „Napster". 1999 veröffentlichte der Informatikstudent Shawn Fanning das von ihm selbst geschriebene Programm für Napster[12]. Es ermöglichte den Austausch von Musikdateien im MP3-Format untereinander. Dabei war jeder Nutzer des Programms zugleich Anbieter der auf seinem Rechner gespeicherten Musik als auch Nachfrager für ihm fehlende Musik. Die Bedienung des Programms war sehr einfach: Sobald sich das Programm mit dem zentralen Server von Napster verbunden hatte konnte der Benutzer eine Suchanfrage für ein gewünschtes Lied starten. Vom Server kam eine Liste anderer Napster-Nutzer zurück, die das gewünschte Lied auf ihrem Rechner gespeichert hatten. Der Nutzer konnte dann den Download der Musikdatei von einem der anderen Benutzer beginnen. Das revolutionär Neue an Napster war, dass die eigentlichen Daten (die Musikdateien) nicht mehr zentral auf leistungsstarken Servern gespeichert waren, sondern verteilt auf den Rechnern der Nutzer. Napster erfreute sich sehr großer Zuwachsraten mit Millionen von Anwendern weltweit und wurde der Musikindustrie durch die zahllosen Urheberrechtsverletzungen seiner Nutzer schnell ein Dorn im Auge. Die Musikindustrie erwirkte daher vor Gericht die Abschaltung der zentralen Napster-Server und brachte das System mit zuletzt 38 Millionen Anwendern so zum Erliegen.

[11] vgl. Clement, R., Übung 4: Digitale Güter (IntÖk4.pdf), S. 3
[12] vgl. Röttgers, J.: Mix, Burn & R.I.P., 1.Aufl., Hannover, 2003, S. 17ff.

Doch sowohl die ehemaligen Nutzer von Napster als auch die Neueinsteiger finden heute eine große Auswahl an alternativen Internet-Tauschbörsen. Moderne Tauschbörsen, wie etwa Shareaza, eMule, KaZaA uvm. schaffen es sogar, die konzeptionelle Schwachstelle von Napster zu umgehen[13]. Sie sind für ihr einwandfreies Funktionieren nicht mehr auf zentrale Server angewiesen. Sie funktionieren dezentral auf den Rechnern ihrer Nutzer und sind somit weitgehend außerhalb des Einflussbereichs von Musikindustrie und Gerichten. Die neuesten Internet-Tauschbörsen versuchen darüber hinaus ihren Benutzern auch noch Anonymität und den getauschten Dateien Authentizität zu bieten.

3. Problemfelder

3.1. Entstehung

Das Problem der unrechtmäßig hergestellten Kopien urheberrechtlich geschützter Werke ist kein neues Phänomen. Durch die Einführung der Audiokassette[14] war Privatleuten erstmals technisch möglich, was mit der Schallplatte zuvor undenkbar war: Die einfache und günstige Erstellung einer Kopie des Tonträgers. Doch deren Bedrohung für die Musikindustrie war und ist überschaubar. Das liegt zum großen Teil an den Qualitätsverlusten, die sich bei jeder weiteren Kopie einstellen. Diese Verluste lassen es mit der Zeit für audiophile Menschen immer unattraktiver werden, eine weitere Kopie zu erstellen. Und jede Audiokassette, ob Original oder Kopie, weist bereits nach einigen Jahren hörbare Alterserscheinungen durch fortschreitende Entmagnetisierung des Tonbands auf[15].

Eine neue Dimension hat das Kopieren durch die Umstellung von analoger zu digitaler Speicherung der Musikdaten erreicht. Bei der Audio-CD mit ihren digitalen Daten ist jede Kopie ein exaktes Ebenbild des Originals. Anfangs waren nur organisierte, kriminelle Banden in der Lage, Kopien mittels industrieller CD-Pressen herzustellen. Doch ab 1993 wurden CD-Brenner für

---

[13] vgl. o.V., 9.12.2005, http://de.wikipedia.org/wiki/File_Sharing
[14] Anmerkung: Die technisch korrekte Bezeichnung lautet Compact Cassette
[15] vgl.Rankers, R., 11.12.2005, http://tonaufzeichnung.de/medien/compactcassette.shtml

den heimischen Rechner erschwinglich und ermöglichten Privatleuten das Kopieren von Audio-CDs[16]. Seitdem sind sowohl die Kosten für CD-Brenner und Rohlinge als auch das benötigte Fachwissen zur Erstellung von Kopien für private Haushalte stark gesunken.

Zu weiterem Aufstieg bei der Verbreitung von Kopien verhalf das stark wachsende Internet. Aufbauend auf den digitalen Daten der Audio-CD und der Möglichkeit zur Musikkompression durch MP3 sorgte es für eine neue Ära des Kopierens. Die digitalen Musikdaten ließen sich nun in Sekunden über das Internet weltweit verschicken. Die Kosten für die Reproduktion der digitalen Musikdaten gingen dabei gegen Null. Den Höhepunkt bildeten schließlich die Internet-Tauschbörsen mit Napster als Vorreiter. Angesichts des attraktiven Angebots, der kostenlosen Verfügbarkeit von Musik, wurde schnell die kritische Masse dieses Netzwerks erreicht. Es stellte sich ein Kreislauf des positiven Feedbacks ein, der zu einer Eigendynamik beim Wachstum führte[17]. Heute tauschen täglich Millionen von Nutzern untereinander in Internet-Tauschbörsen riesige Datenmengen an Musik. Sie tun dies in aller Regel unter Missachtung der Urheberrechte.

3.2. Erstellung und Verbreitung von CD-Kopien

Die Voraussetzungen zum Kopieren einer Audio-CD sind heute so verlockend wie noch nie. Kostete ein CD-Brenner bei seiner Markteinführung mehrere hundert Euro, so ist er heute schon ab 30 Euro erhältlich. Die benötigten Rohlinge sind ebenfalls immens im Preis gefallen. Bezahlte man anfangs 15 Euro pro Stück, so erhält man heute für dasselbe Geld 100 Rohlinge. Das führte dazu, dass es in der Markteinführungsphase der CD-Brenner unsinnig war, Kopien von Audio-CDs zu erstellen. Denn für den Preis eines Rohlings konnte man ebenso gut das Original erwerben.

Doch mit dem Preisverfall der Brenner und Rohlinge ist der Anreiz zu kopieren gestiegen. Diese Entwicklung wird von zwei Studien bekräftigt. So hat die Filmförderungsanstalt FFA repräsentative Umfragen über die Ausstattung privater Haushalte mit CD-Brennern durchgeführt. Während im

[16] vgl. o.V., 11.12.2005, http://de.wikipedia.org/wiki/Brenner_%28Hardware%29
[17] vgl. Clement, R., Übung 6: Netzeffekte (IntÖk6.pdf), S. 32f.

Jahr 2000 lediglich 11% der Haushalte über einen CD-Brenner verfügten, so waren es in 2004 bereits 43,9%[18]. Ähnliches zeigt sich bei der Betrachtung der Verkaufszahlen von Rohlingen. Die Gesellschaft für Konsumforschung GfK hat einen deutlichen Anstieg der in Deutschland verkauften Stückzahlen ermittelt. Im Jahr 2000 wurden danach 210 Millionen Rohlinge verkauft. Nur drei Jahre später betrug der Absatz schon beachtliche 710 Millionen Stück[19]. Diese Zahlen, in Verbindung mit den ebenfalls weiter steigenden Musikdownloads aus Internet-Tauschbörsen, nennt die Musikbranche als Grund für ihre sinkenden Umsatzzahlen bei den Tonträgern (-19,8% von 2002 nach 2003[20]). Diese Behauptung gewinnt zusätzliche Glaubwürdigkeit durch ein weiteres, bemerkenswertes Ergebnis aus der Studie der FFA. Sie ermittelte, dass die befragten Haushalte die erworbenen Rohlinge zwischen den Jahren 2000 bis 2004 durchschnittlich zu 49% für das Bespielen mit Musik verwendeten.

Aber es gibt auch Erhebungen, die bekräftigen, dass die Schuld für die Misere der Musikbranche nicht allein beim privaten Raubkopierer zu sehen ist. Kommerzielle Schwarzpressungen machen einen immer größer werdenden Anteil am Musikmarkt aus. Nach Aussage der IFPI hat dieser organisierte, kriminelle Markt 2002 zum ersten Mal über eine Milliarde Raubpressungen hervorgebracht[21]. Weltweit sind 40% aller verkauften Audio-CDs vom Schwarzmarkt und der Markt ist weiter am wachsen (in 2002: 14% Zuwachs gegenüber dem Vorjahr). So ist es auch nachvollziehbar, dass Jay Berman, Chairman und CEO der IFPI, in der Einleitung zum Commercial Piracy Report 2003 feststellt: „The organised commercial music pirate trade remains a key threat to the recording industry (...)"[22].

Ein weiterer Grund für den schwindenden Absatz von Tonträgern liegt in der Substitution des Konsumenten, der zunehmend DVDs und Videospiele zu Lasten der Audio-CDs von seinem begrenzten Unterhaltungsbudget erwirbt. An den DVD-Verkäufen auf dem nordamerikanischen Markt lässt sich diese

[18] vgl. Filmförderungsanstalt: Brenner-Studie 3, Oktober 2004, S. 5
[19] vgl. Gesellschaft für Konsumforschung: Brennerstudie 2004, 30.3.2004, S. 2
[20] vgl. 1.Einleitung
[21] vgl. IFPI: Commercial Piracy Report 2003, Juli 2003, S. 2
[22] ebenda

Entwicklung gut verdeutlichen. Von 182,4 Millionen DVDs im Jahr 2000 haben die Verkaufszahlen ein starkes Wachstum auf 1.023,3 Millionen DVDs im Jahr 2003 erfahren[23] (Zuwachs um 561%).

3.3. Musiktausch über Internet-Tauschbörsen

Internet-Tauschbörsen sind nach Ansicht der Musikbranche neben den illegalen Kopien von Audio-CDs der wichtigste Grund ihrer Umsatzeinbußen. Herr Gebhardt, Vorsitzender der deutschen Phonoverbände, fasste diese Beschuldigung bei der Veröffentlichung der Tonträger-Umsätze 2003 in klare Worte: „Kostenlose Musikkopien und illegale Internetangebote sind dabei unsere ärgsten Gegner"[24]. Daher macht es Sinn, auch die „illegalen Internetangebote" näher zu betrachten.

Grundvorrausetzung für den Tausch von Musik über Internet-Tauschbörsen ist neben dem Vorhandensein eines PCs ein Zugang zum Internet. Die Hardwareanforderungen an einen PC sind dabei so gering, so dass selbst ein 10 Jahre alter Rechner für diese Zwecke vollends genügt. Bedeutender für die optimale Nutzbarkeit von Internet-Tauschbörsen ist die Zugangsart zum Internet. Denn sie hat durch unterschiedliche Bandbreiten[25] Einfluss darauf, wie lange ein Nutzer auf die Übertragung der von ihm gewünschten Lieder warten muss. Die Attraktivität von illegalen Musikdownloads für die Nutzer hängt somit direkt mit hrer Zugangsart respektive der Bandbreite zusammen. Ein Rechenbeispiel soll dies verdeutlichen:

Ein Lied mit einer Spieldauer von 3 Minuten benötigt bei Standardkompression durch MP3 (44kHz, Stereo, 128 kBit/s) etwa 23.040 kBits (=2,81MB[26]). Ein zeitgemäßes, analoges Modem kann Daten maximal mit etwa 56kBit/s downloaden. Es bräuchte also im Idealfall für die Übertragung diese Liedes 411 Sekunden (knapp 7 Minuten). Ein Breitbandzugang, der auf ADSL basiert, wird heute üblicherweise mit Bandbreiten von 1Mbit/s bis zu 5Mbit/s angeboten. Selbst bei einer Bandbreite von nur 1Mbit/s bedeutet das einen Geschwindigkeitszuwachs

---

[23] vgl. Kaplan, Swicker & Simha, 14.12.2005, http://www.dvdinformation.com/industryData/index.cfm
[24] Spiesecke, H., 4.12.2005, http://www.ifpi.de/news/news-379.htm
[25] Anmerkung: umgangssprachliche Bezeichnung für „Datenübertragungsrate"
[26] 180s * 128 kBit/s = Speicherbedarf in Kilobits; geteilt durch (8*1024) ergibt den Bedarf in Megabytes

um den Faktor 18,3[27] gegenüber dem analogen Modem. Damit würde die Übertragung des Liedes im besten Fall lediglich 22,5 Sekunden benötigen. Für ein einzelnes Musikstück mag der zeitliche Unterschied subjektiv geringe Bedeutung haben, für das Herunterladen mehrerer Lieder oder eines ganzen Albums ist er jedoch entscheidend.

Daher scheint ein Zusammenhang zwischen der zunehmenden Ausstattung von Haushalten mit Internetzugängen, dem Übergang von schmalbandigen zu breitbandigen Internetzugängen und den zunehmenden, illegalen Musikdownloads plausibel. So hat das Statistische Bundesamt einen deutlichen Zuwachs der Ausstattung privater Haushalte mit Internetzugängen ermittelt. Danach verfügten im Jahr 2002 36% der Haushalte über einen Zugang zum Internet[28]. Nur 2 Jahre später war dieser Anteil bereits auf 46,1% gestiegen. Auch die FFA kam bei ihren Studien auf die gestiegene Ausstattung von Privathaushalten mit Internetzugängen. Demnach verfügten in 2003 56,2%[29] der Befragten zu Hause über Zugang zum Internet. Mitte 2004 war dieser Anteil auf 60,4%[30] gestiegen. Interessant an diesen Studien der FFA ist, dass sie auch die Art des Internetzugangs ermittelt haben. Im Jahr 2003 verwendeten die Befragten für den privaten Zugang ins Internet zu 45,4% Modems, zu 34,7% ISDN und zu 21,4% ADSL. Ein Jahr später gaben die Befragten auf dieselbe Frage an, zu 39% Modems, zu 30% ISDN und zu 29% ADSL zu verwenden. Deutlich ist die Substitution langsamer Modem- und ISDN-Zugänge zugunsten der schnellen Breitbandzugänge erkennbar.

Der Kreis schließt sich nun durch die früher schon zitierte Studie der GfK. Sie hat ermittelt, dass im Zeitraum 2000-2003 die Anzahl der Personen, die Musikdownloads tätigen, zugenommen hat. Von anfangs 4,1 Millionen Personen in Deutschland hin zu 7,3 Millionen in 2003[31]. Der überwiegende Teil (>90%) gab dabei an, die Musik illegal aus Internet-Tauschbörsen zu beziehen[32]. Letztlich kann angenommen werden, dass ein Nutzer, der sich

---

[27] 1Mbit/s entspricht 1024kbit/s; 1024kbit/s geteilt durch 56kbit/s ergeben den Faktor 18,3 (gerundet)
[28] vgl. Statistisches Bundesamt, 16.12.2005, http://www.destatis.de/basis/d/evs/budtab2.htm
[29] vgl. Filmförderungsanstalt: Brenner-Studie 2, September 2003, S. 28
[30] vgl. Filmförderungsanstalt: Brenner-Studie 3, Oktober 2004, S. 8
[31] vgl. Gesellschaft für Konsumforschung: Brennerstudie 2004, 30.3.2004, S. 15
[32] vgl. a.a.O., S. 16

kostenlos illegale Musik beschafft hat, in den meisten Fällen auf den nachträglichen Kauf des Originals verzichten wird. Insofern werden Kaufanreize durch illegale Musik aus Internet-Tauschbörsen tatsächlich abgeschwächt. Angesichts dieser Entwicklungen ist es für die Musikbranche höchste Zeit, Lösungswege aus ihrem Dilemma zu erarbeiten.

4. Lösungsansätze

4.1. technische Kopierschutzmaßnahmen

Zu den ersten Reaktionen der Musikbranche auf sinkende Absatzzahlen gehörte das Ausstatten von Audio-CDs mit Kopierschutz. Es gibt mittlerweile auf dem Markt zahlreiche Kopierschutzmechanismen (SafeAudio, MusicGuard, Cactus Data Shield uvm.), die im Ansatz alle gleich sind. Bei allen Verfahren werden bereits bei der Herstellung künstlich Fehler erzeugt und auf der Audio-CD abgespeichert. Gedachtes Ziel dieser Fehlereinbringung ist, dass sich die Audio-CDs zwar weiterhin auf jedem CD-Spieler wiedergeben, aber nicht mittels CD-Brenner kopieren lassen. Das Verfahren nutzt dabei aus, dass Fehler auf Audio-CDs von beiden Gerätetypen unterschiedlich behandelt werden. Ein CD-Player erkennt zwar bei der Wiedergabe die künstlich eingebrachten Fehler, ignoriert diese jedoch und fährt unbeirrt mit der Wiedergabe fort. Die Elektronik eines CD-Brenners ist hingegen auf geringe Fehlertoleranz optimiert. Gelangt er beim Kopiervorgang auf einen künstlichen Fehler, bricht er den Kopiervorgang vorzeitig ab.

Anders als mit diesem Kunstgriff lässt sich auf einer Audio-CD ein Kopierschutz nicht realisieren, weil der ihr zugrunde liegende Standard (Red Book) einen Schutz gegen Vervielfältigung eigentlich nicht vorsieht. Doch durch das willentliche Einbringen von Fehlern wird der Standard, die Spezifikation nach dem Red Book, verletzt. Somit ist nicht mehr gewährleistet, dass sich jede, der mit Kopierschutz versehenen Audio-CDs auch auf jedem CD-Spieler problemlos wiedergeben lässt. Insbesondere die Wiedergabe in CD-Laufwerken von PCs oder Autos ist oft nicht möglich. Hinzu kommt, dass eine mit künstlichen Fehlern versehene Audio-CD meist früher als eine normale Audio-CD hörbare Wiedergabefehler produziert[33]. Denn sie ist schon mit Fehlern vorbelastet und durch gebrauchsübliche Kratzer kommen mit der Zeit weitere, natürliche Fehler dazu. Ab einem gewissen Zeitpunkt ist die Fehleranzahl so stark gewachsen, dass die in den CD-Spielern eingebaute Fehlerkorrektur überfordert ist und die Fehler hörbar werden.

Vor allem die Schwierigkeiten bei der Wiedergabe kopiergeschützter Audio-CDs führten zu der seit September 2003 geltenden, gesetzlichen Kennzeichnungspflicht[34]. Danach muss eine mit Kopierschutz versehene Audio-CD von außen erkennbar über diesen informieren. Da allein durch diese Kennzeichnung nicht klar wird, welche kopiergeschützte Audio-CD sich mit welchem CD-Spieler verträgt hat der Heise Zeitschriften Verlag aus eigener Initiative ein „Un-CD"-Register im Internet eingerichtet[35]. Dort können Käufer kopiergeschützter Audio-CDs von den gemachten Erfahrungen bei der Wiedergabe in ihren Geräten berichten und Kaufinteressenten können vorab ihre Chancen auf Abspielbarkeit ausloten.

Das eigentliche Ziel der Musikbranche, die Erstellung von Kopien zu unterbinden, ist bei alldem nicht gelungen. Findige Programmierer und Hacker haben schnell Wege gefunden, die CD-Brenner trotz Kopierschutz zum Vervielfältigen einzusetzen. Oft wird dazu einfach jeder vorhandene Fehler der CD vom Brenner stoisch auf den Rohling übertragen. Und selbst der beste Kopierschutz wird immer zu umgehen sein. Denn wenn sich die Musik digital nicht kopieren lässt, bleibt immer noch der analoge Weg. Das Musiksignal kann aus einem CD-Spieler über ein übliches Chinch-Kabel analog zum Musikeingang des PCs geführt werden. Dort kann das analoge Signal wieder digitalisiert werden und liegt anschließend ohne Kopierschutz und mit nur geringen Qualitätsverlusten durch die Analog-/Digitalwandlung vor. Eine passende Software, die diesen Prozess unterstützt, wird ebenfalls kostenlos vom Heise Verlag angeboten[36].

---

[33] vgl. Dziurdz, K., 20.12.2005, http://www.kopierschutz-nein-danke.de
[34] vgl. Urheberrechtsgesetz (UrhG), idF. vom 10.9.2003, § 95d
[35] vgl. Heise Zeitschriften Verlag GmbH & Co. KG, 20.12.2005, http://www.heise.de/ct/cd-register/
[36] ebenda

Aus diesen Gründen und der Verärgerung des ehrlich zahlenden Kunden, der mitunter mehr Schwierigkeiten bei der Wiedergabe seiner gekauften Musik hat als etwa der Raubkopierer mit seiner Musik aus Tauschbörsen, gehen mittlerweile einige Musiklabels wieder dazu über, Audio-CDs ohne Kopierschutz zu veröffentlichen.

4.2. verschärftes Urheberrecht

Als Reaktion auf die technologischen Entwicklungen der letzten Jahre, insbesondere die zunehmende Digitalisierung von geistigen Werken und die stark gestiegene Bedeutung des Internets, ergibt sich auch für die Gesetzgebung Handlungsbedarf. Ziel ist, dass ein Urheber seine Rechte auch im Zeitalter des Internets durchsetzen kann. Ein erster Schritt fand durch die Novellierung des Urheberrechts zum 13. September 2003 statt[37].

Die im Rahmen dieser Arbeit wichtigste Änderung der Gesetzesnovelle betrifft die Privatkopie. Im Urheberrecht ist sie wie folgt definiert: „Zulässig sind einzelne Vervielfältigungen eines Werkes durch eine natürliche Person zum privaten Gebrauch auf beliebigen Trägern (...)"[38]. Damit ist es dem Käufer einer Audio-CD legal möglich, sowohl für seinen engen Freundeskreis Kopien in begrenzter Stückzahl anzufertigen (bis zu 7 Kopien lt. gängiger Rechtssprechung), als auch für sich selbst eine Sicherheitskopie zu erstellen. Einen finanziellen Ausgleich für das Recht der Privatkopie erhält der Urheber dabei durch Pauschalen, die im Kaufpreis von Geräten und Medien zur Vervielfältigung enthalten sind, und an ihn abgeführt werden[39].

Das Erstellen einer Privatkopie ist auch nach der Gesetzesänderung noch erlaubt, seither jedoch stark eingeschränkt. So darf eine Privatkopie nur noch erstellt werden, wenn dabei keine technischen Schutzmaßnahmen umgangen werden[40]. Konkret betrifft diese Neuregelung daher alle Audio-CDs, die mit einem Kopierschutz versehen sind. Und in der Folge sind auch die Tauschbörsennutzer im Internet davon betroffen, wenn Lieder getauscht

---

[37] vgl. Urheberrechtsgesetz (UrhG), idF. vom 10.9.2003
[38] a.a.O., § 53, Absatz 1
[39] vgl. a.a.O., § 54
[40] vgl. a.a.O., § 95a

werden, die mit technischen Maßnahmen gegen das Kopieren geschützt waren. Die Musikbranche ist mit dieser Neuregelung zufrieden, denn nun handelt es sich bei der Umgehung des Kopierschutzes um einen Straftatbestand. Das nutzt die Musikbranche derzeit vor allem, um Strafverfahren gegen Nutzer von Tauschbörsen einzuleiten. In den folgenden Gerichtsprozessen werden die Beklagten dabei oft zu hohen Geldstrafen verurteilt. Offensichtlich wird versucht, durch dieses exemplarische Durchgreifen die Hemmschwelle aller Tauschbörsennutzer zu erhöhen. Diese Strategie wird auch durch die Form der in der Einleitung genannten Werbekampagne bekräftigt.

Der ehrlich zahlende Kunde einer kopiergeschützten Audio-CD wird indessen durch die Einschränkung der Privatkopie benachteiligt. Nun kann er beispielsweise seinen Freunden keine legale Kopie mehr zukommen lassen. Der größte Nachteil für ihn ist jedoch, dass er nunmehr keine Sicherheitskopie für eigene Zwecke herstellen darf. Dadurch ist der Kunde gezwungen sich die Audio-CD erneut zu kaufen, sobald der Tonträger durch gebrauchsüblichen Verschleiß oder Alterung nicht mehr abspielbar ist. Diese Nachteile kann er nur umgehen, wenn er Audio-CDs ohne Kopierschutz erwirbt, denn von diesen darf er nach wie vor Privatkopien erstellen. Ein weiterer Ausweg stellt derzeit noch, die im vorangegangenen Abschnitt erläuterte Kopierschutzumgehung dar. Wird die Musik analog wiedergegeben und im Rechner re-digitalisiert, ist der Kopierschutz nicht im Sinne der derzeitigen Gesetzesauslegung umgangen und eine auf diese Weise erzeugte Privatkopie daher legal[41].

Abschließend ist festzustellen, dass die momentan noch erhobene Pauschalabgabe für Privatkopien im Widerspruch zum stark eingeschränkten Recht auf Privatkopie steht. Denn die einst als Ausgleich für Privatkopien eingeführte Abgabe (u.a. auf CD-Brenner und Rohlinge) wird unverändert erhoben, obgleich eine legale Privatkopie längst nicht mehr in jedem Fall möglich und legal ist. Mit diesem Missverhältnis beschäftigt sich daher zurzeit eine Arbeitsgruppe im Auftrag des

---

[41] vgl. Heidrich, J., 22.12.2005, http://www.heise.de/ct/04/08/184/

Bundesjustizministeriums. Sie soll Vorschläge für Überarbeitungen und weitere Modernisierungen des Urheberrechts erarbeiten[42].

4.3. Produkt- und Preisdifferenzierung

Mit der Produkt- und Preisdifferenzierung hat die Musikbranche ein weiteres Mittel in der Hand, um ihren sinkenden Absatzzahlen entgegenzuwirken. Da sie in der Gestaltung ihrer Produkte und Preise nahezu frei ist, kann sie hiermit unmittelbar Einfluss auf das Verhalten ihrer Konsumenten nehmen. Der nach erfolgter Fusion entstandene Musikkonzern „Sony BMG Music Entertainment„ versucht seit September 2004 durch Differenzierung des Inhalts von Audio-CDs Kunden für sich zu gewinnen.

Seither bietet der Musikkonzern ausgewählte Musikalben in drei verschiedenen Varianten an[43]. Neben der klassischen Version gibt es eine günstigere Basic-Version, die jedoch weder Cover noch Booklet hat. Die Premium-Version ist am teuersten, punktet dafür aber gegenüber der Standardversion durch zusätzliche Lieder und ein umfangreicheres Booklet. Durch den günstigen Einstiegspreis der Basic-Version, der unter dem Niveau bisheriger Alben liegt, und den angebotenen Varianten sollen Kaufanreize, auch bei Raubkopierern, geweckt werden. Eine andere Art der Differenzierung von Audio-CDs ließe sich über die Zeit realisieren. Die Softwarehersteller, allen voran die Entwickler von Computerspielen, machen es seit Jahren vor. Sie bieten Spiele, die kurz vor dem Ende ihres geplanten Lebenszyklus stehen, zu sehr attraktiven Preisen an. Große Spielehersteller, wie etwa SCEI oder EA, haben zahlreiche Spiele als Classic-Edition zu etwa einem Drittel des ursprünglichen Preises im Angebot. Ein ähnliches Vorgehen von Seiten der Musikindustrie wäre sicher auch bei Audio-CDs denkbar.

Eine weitere Möglichkeit der Produkt- und Preisdifferenzierung ist erst durch die Verbreitung von Internet und MP3 möglich geworden. Gleichwohl hat die Musikindustrie das Potenzial legaler Download-Plattformen für Musik im Internet erst spät erkannt. Deren Vorreiter, der „iTunes Music Store" von

---

[42] vgl. Bundesministerium der Justiz, 22.12.2005, http://www.kopien-brauchen-originale.de/...
[43] vgl. Mortsiefer, H., 2.1.2006, http://archiv.tagesspiegel.de/archiv/21.07.2004/1256444.asp

Apple, feierte am 6. Dezember 2005, nur 18 Monate nach Start des Angebots in Europa, den Download des 100 millionsten Liedes[44]. Diese Zahl verdeutlicht das Interesse des Konsumenten an legalen und preiswürdigen Musikangeboten. Der große Vorteil bei allen legalen Musikplattformen auf dem Markt ist, dass der Kunde nur für die von ihm gewünschten Lieder zahlt. Im Beispiel von Apple sind das für ein einzelnes Lied 0,99ct und für ein komplettes Album 9,99€ (Stand: Januar 2006). Interessant an dieser Preisgestaltung ist der günstige Albumpreis, der eine deutliche Ersparnis gegenüber dem Einzelkauf der Lieder des Albums darstellt. Er stellt eine Produktbündelung dar, die Kunden trotz der Möglichkeit des Einzelerwerbs von Liedern zum Kauf des ganzen Albums verführen soll.

Zusammenfassend gesagt handelt es sich bei allen vorgestellten Ansätzen um Preisdifferenzierungen 2. Grades[45]. Denn den Kunden werden mehrere Varianten eines Produkts angeboten, von denen er sich selbst für eine entscheidet (Selbstselektion). Es kommt dabei nicht zu individuellen Preisverhandlungen, stattdessen ist der Preis vor dem Kauf bereits festgelegt. Und er ist weiterhin nicht darauf angewiesen, Mitglied einer bestimmten Gruppe zu sein, um das Produkt kaufen zu können. Anders wäre es beispielsweise, wenn ein Rabatt nur Auszubildenden und Studenten gewährt würde (z.B. Audio-CDs für sie um 10% günstiger).

4.4. Das „neue" Napster

Ein sehr interessanter und hochaktueller Ansatz zur Eindämmung von Raubkopien kommt von der einst von der Musikbranche verteufelten und zur Schließung gezwungenen Tauschplattform „Napster". Nach ihrem Neustart in den USA bietet Napster seit dem 8. Dezember 2005 auch in Deutschland eine kommerzielle Musik-Flatrate an. Das Konzept ist dabei ebenso neuartig, wie es das ursprüngliche Napster auch war: Statt die Musik zu kaufen, bezahlt man monatlich 9,95€ (Stand: Januar 2006) um sich Musik zu leihen[46]. Man kann sich aus dem riesigen Fundus an Liedern (1,5 Millionen lt. Napster) beliebig viele herunterladen und auf seinem PC

[44] vgl. Apple Computer Inc., 2.1.2006, http://www.apple.com/de/itunes/100millionpromo
[45] vgl. Clement, R., Übung 10: Produkt- und Preisdifferenzierung im Internet (IntÖk10.pdf), S. 33
[46] vgl. Napster Germany, 3.1.2006, http://www.napster.de

abspielen. Für zusätzliche 5€ kann man darüber hinaus die Lieder auch auf einem dafür geeigneten, mobilen MP3-Spieler übertragen. Sobald das Napster-Abonnement jedoch gekündigt wird, lassen sich die im Rahmen des Abos heruntergeladenen Lieder nicht weiter wiedergeben. Diese Rechteverwaltung wird dabei durch ein von Microsoft entwickeltes, digitales Rechtemanagement (DRM) gesichert[47]. Daher ist man bei der Verwendung von Napster auf Software angewiesen, die mit dieser Rechteverwaltung umgehen kann. Derzeit sind das nur Betriebssysteme von Microsoft und auch nur ganz bestimmte MP3-Player.

Trotz dieser technischen Hürden und den verlangten Preisen ist es bemerkenswert, dass sich die Musikbranche auf den neuartigen Versuch, Musik zu verleihen, eingelassen hat. Offensichtlich hat sie durch die schmerzlichen Ereignisse der letzten Jahre erkannt, dass ein Entgegenkommen von ihrer Seite fällig ist. So waren die Preisverhandlungen mit der Musikindustrie laut dem Napster-Geschäftsführer für Deutschland, Thorsten Schliesche, schwierig, aber doch mit Erfolg gekrönt[48]. Danach habe die Musikindustrie hat zwar nach wie vor Sorge um Kontrollverlust über ihre Musik, aber es wachse die Einsicht gegenüber früheren Jahren, dass sie sich öffnen müsse. So konnten sich alle Plattenlabels, bis auf EMI, mit Napster über die Höhe der Umsatzbeteiligung einigen.

Damit ist das Major-Label das Einzige, das auch einen Monat nach dem Neustart von Napster noch nicht mit seinen, unter Vertrag stehenden, Künstlern vertreten ist. Nach Aussagen eines EMI-Vertreters ist die angebotene Umsatzbeteiligung, nach der Napster 20-30% erhält und die Musikindustrie den übrigen Teil, unfair gegenüber den vertretenen Künstlern[49]. Doch sollte es auch künftig dem Kunden nicht möglich sein, Lieder der EMI-Künstler zu leihen, könnten am Ende sowohl Napster als auch EMI verlieren. So stellt der Branchenexperte Mark Mulligan (Jupiter Research) denn auch die positive Prognose, dass beide Parteien bald zu

---

[47] vgl. Microsoft Corp., 3.1.2006, http://www.microsoft.com/windows/windowsmedia/drm/default.asp
[48] vgl. o.V.: Katze mit Kopfhörer, in: Welt Kompakt vom 15.12.2005, S.25
[49] vgl. Fiutak, M., 4.1.2006, http://www.zdnet.de/news/business/0,39023142,39139542,00.htm?l

einer Einigung gelangen[50]. Für ihn ist dabei allein die Frage entscheidend, welche der beiden Parteien zuerst die Nerven verlieren wird.

5. Fazit und Ausblick

Es scheint, als ob die Musikindustrie wirklich aus den bitteren Umsatzeinbrüchen der letzten Jahre gelernt hat. Der jahrelang gut funktionierende Mechanismus, Alben teuer über den Handel zu vertreiben, geriet durch das Aufkommen von Internet und MP3 ins wanken. Anfangs wurde das Neue vor allem als Bedrohung, statt als Chance, gesehen. Tauschbörsen im Internet wurden verdammt und Audio-CDs zum Leidwesen ehrlich zahlender Kunden mit behindernden Kopierschutzverfahren ausgestattet. Erst Jahre später verwirklichte man Plattformen für legale Musikdownloads, die auf große Nachfrage stießen. Sie werden in Zukunft, aller Voraussicht nach, einen immer größer werdenden Anteil an den Umsätzen der Musikindustrie ausmachen.

So titelte die Welt Kompakt Anfang Dezember 2005 anlässlich der veröffentlichten Quartalszahlen der Warner Music Group: „Warner Music profitiert von Musikdownloads"[51]. Aus den Zahlen ging hervor, dass deren Umsatz aus legalen Musikdownloads um 20% (auf 53 Mio. US-$) gegenüber dem Vorjahr gestiegen, der Umsatz mit Audio-CDs jedoch weiter am fallen ist. Erfreulich ist auch, dass einige Plattenlabels davon abkommen ihre Audio-CDs mit Kopierschutz zu versehen. Damit erhält der Kunde das über die Jahre aufgebaute Vertrauen in das Medium Audio-CD zurück und ist nicht schon aus Protest versucht, Musik illegal herunterzuladen. Dennoch soll nicht verschwiegen werden, dass viele Labels an technischen Schutzmassnahmen festhalten und gar, wie zuletzt Sony mit seinem XCP-Kopierschutz, einen Skandal verursachen. Nichtsdestotrotz, die Bereitschaft sich auf Neues einzulassen scheint vorhanden. Die mehrheitliche Beteiligung der Musikindustrie am neuen Konzept von Napster oder das Anbieten verschiedener Varianten eines Albums weisen darauf hin.

---

[50] vgl. Uehlecke, J.: EMI boykottiert Start der Napster-Musikabos, in: Financial Times Deutschland vom 16.12.2005
[51] vgl. o.V.: Warner Music profitiert von Musikdownloads, in: Welt Kompakt vom 1.12.2005

Literaturverzeichnis

Apple Computer Inc., 2.1.2006, http://www.apple.com/de/itunes/100millionpromo

Bundesministerium der Justiz, 22.12.2005, http://www.kopien-brauchen-originale.de/enid/655963e3ff244313ca9b7797d0e2386a,55a304092d09/38.html

Clement, R., Übung 4: Digitale Güter (IntÖk4.pdf)

Clement, R., Übung 5: Informationsgüter, Copyright und Open-Source (IntÖk5.pdf)

Clement, R., Übung 6: Netzeffekte (IntÖk6.pdf)

Clement, R., Übung 10: Produkt- und Preisdifferenzierung im Internet (IntÖk10.pdf)

Dziurdz, K., 20.12.2005, http://www.kopierschutz-nein-danke.de

Filmförderungsanstalt: Brenner-Studie 2, September 2003

Filmförderungsanstalt: Brenner-Studie 3, Oktober 2004

Fiutak, M., 4.1.2006,
http://www.zdnet.de/news/business/0,39023142,39139542,00.htm?l

Fraunhofer-Gesellschaft, 6.12.2005,
http://www.iis.fraunhofer.de/amm/techinf/layer3/index.html

Gesellschaft für Konsumforschung: Brennerstudie 2004, 30.3.2004

Heidrich, J., 22.12.2005, http://www.heise.de/ct/04/08/184/

Heise Zeitschriften Verlag GmbH & Co. KG, 20.12.2005,
http://www.heise.de/ct/cd-register/

Hübscher, H. u.a.: IT-Handbuch Fachinformatiker/-in, 2. Aufl., Braunschweig, 2001

IFPI: Commercial Piracy Report 2003, Juli 2003

Kaplan, Swicker & Simha, 14.12.2005,
http://www.dvdinformation.com/industryData/index.cfm

Microsoft Corp., 3.1.2006,
http://www.microsoft.com/windows/windowsmedia/drm/default.asp

Mortsiefer, H., 2.1.2006, http://archiv.tagesspiegel.de/archiv/21.07.2004/1256444.asp

Napster Germany, 3.1.2006, http://www.napster.de

o.V.: Katze mit Kopfhörer, in: Welt Kompakt vom 15.12.2005

o.V.: Warner Music profitiert von Musikdownloads, in: Welt Kompakt vom 1.12.2005

o.V., 5.12.2005, http://de.wikipedia.org/wiki/Audio-CD

o.V., 11.12.2005, http://de.wikipedia.org/wiki/Brenner_%28Hardware%29

o.V., 9.12.2005, http://de.wikipedia.org/wiki/File_Sharing

o.V., 4.12.2005, http://www.gema.de/wirueberuns/

Röttgers, J.: Mix, Burn & R.I.P., 1.Aufl., Hannover, 2003.

Rankers, R., 11.12.2005, http://tonaufzeichnung.de/medien/compactcassette.shtml

Spiesecke, H., 4.12.2005, http://www.ifpi.de/news/news-379.htm

Statistisches Bundesamt, 16.12.2005,http://www.destatis.de/basis/d/evs/budtab2.htm

Uehlecke, J.: EMI boykottiert Start der Napster-Musikabos, in: Financial Times
Deutschland vom 16.12.2005

Urheberrechtsgesetz (UrhG), idF. vom 10.9.2003

Verwertungsgesellschaft WORT, 4.1.2006, http://www.vgwort.de/geschichte.php

Zukunft Kino Marketing GmbH, 4.12.2005,
http://www.hartabergerecht.de/index.php?id=28

www.ingramcontent.com/pod-product-compliance
Lightning Source LLC
LaVergne TN
LVHW042313060326
832902LV00009B/1457